BEI GRIN MACHT SICH IHR WISSEN BEZAHLT

Bibliografische Information der Deutschen Nationalbibliothek:

Die Deutsche Bibliothek verzeichnet diese Publikation in der Deutschen National-bibliografie; detaillierte bibliografische Daten sind im Internet über http://dnb.d-nb.de/ abrufbar.

Impressum:

Copyright © 2010 GRIN Verlag, Open Publishing GmbH
Druck und Bindung: Books on Demand GmbH, Norderstedt Germany
ISBN: 9783640843206

Dieses Buch bei GRIN:

http://www.grin.com/de/e-book/150242/adolf-eichmann-buerokrat-oder-massen-moerder

Björn Glitscher

Adolf Eichmann - Bürokrat oder Massenmörder?

GRIN Verlag

GRIN - Your knowledge has value

Der GRIN Verlag publiziert seit 1998 wissenschaftliche Arbeiten von Studenten, Hochschullehrern und anderen Akademikern als eBook und gedrucktes Buch. Die Verlagswebsite www.grin.com ist die ideale Plattform zur Veröffentlichung von Hausarbeiten, Abschlussarbeiten, wissenschaftlichen Aufsätzen, Dissertationen und Fachbüchern.

Besuchen Sie uns im Internet:

http://www.grin.com/

http://www.facebook.com/grincom

http://www.twitter.com/grin_com

Pädagog
Seminar: Hannah Arendt - Eine Übung im politischen Denken
Wintersemester 2007/08

Adolf Eichmann
Bürokrat oder Massenmörder?
Referatsausarbeitung

4. Mai 2010

Inhaltsverzeichnis

1 Einleitung

Denkt man an die Zeit des Dritten Reiches von 1933 bis 1945, so kommen einem zunächst Bilder voller Grausamkeit in den Sinn, Bilder von leidenden Menschen, mordenden Soldaten und zerstörten Städten. Dadurch erfährt diese Epoche eine gewisse Unnahbarkeit, es fällt einem leicht sich zu distanzieren - schließlich hat man selbst mit derartiger Grausamkeit nichts gemeinsam.

Adolf Eichmann jedoch verkörperte nicht im geringsten den Prototypen des kaltblütigen SS-Soldaten, hünenhaft in Uniform und schwer bewaffnet. Vielmehr handelte es sich bei Eichmann um eine unscheinbare Figur, eine Person der man, begegnete ihr man auf der Straße, niemals die Brutalität und Kaltblütigkeit ansehen könnte, die Eichmanns Arbeit auszeichnete.

So steht Eichmann symbolisch für das selbsternannte "Rädchen im System", den willenlosen Befehlsempfänger, der sich selbst zu hundert Prozent in den Dienst einer Sache stellt und jegliche Moral zugunsten der Pflichterfüllung verdrängt. Wohl die meisten totalitären System bauten und bauen auf Menschen auf, die sich bedingungslos unterordnen können und Rückfragen an das, was sie tun, ausblenden. Adolf Eichmann war die erste Person der Neuzeit, die dahingehend analysiert wurde und steht so exemplarisch für viele andere, die ähnlich handelten.

Seine Person stieß in der Weltöffentlichkeit auf großes Interesse, als er schließlich 1961 den Prozess gemacht bekam. Als Berichterstatterin damals in Jerusalem vor Ort war auch die deutsche Philosophin Hannah Arendt, als Berichterstatterin für den "New Yorker". Als Reaktion auf das dort Gesehene verfasste sie ein Buch mit dem Titel "Adolf Eichmann oder die Banalität des Bösen", auf welches ich im vorliegenden Dokument näher eingehen werde.

Primär geht es mir jedoch darum, das Leben dieser Person Adolf Eichmann zu beschreiben und Einblicke zu gewähren in seine Entwicklung zum Prototypen des "'gefährlichen Schreibtischtäters"'.

Der biografische Teil stützt sich, soweit nicht anders angegeben, auf das Buch "'Mörder und Ermordete: Eichmann und die Judenpolitik des Dritten Reiches"' des Hamburger Journalisten Robert Pendorf. Auf die Angabe weiterer Biografien wurde verzichtet, da der Informationsgehalt anderer Werke größtenteils deckungsgleich mit dem zuvor genannten Buch ist.

2 Biografie

Am 19. März 1906 wurde Adolf Eichmann als eines von fünf Geschwistern geboren. Sein Vater arbeitete als technischer Angestellter in einer Metallwarenfabrik, seine Mutter verstarb früh bei der Geburt des jüngsten Bruders. Bald darauf, im Jahre 1914, zog die Familie nach Österreich, in die Stadt Linz. Dort lebte man zunächst in bescheidenen Verhältnissen, bis schließlich der Vater parallel zu seinem eigenen Geschäft eine Karriere bei der Straßenbahn- und Elektrizitäts-AG begann.

Adolf Eichmann war zu jener Zeit bei Mitschülern wenig beliebt, Freunde hat er kaum. Zeitzeugen beschreiben ihn als zurückgezogen, wenig auffällig, still. Auch in der Schule tat er sich nicht durch besondere Leistungen hervor. Nachdem er die Staatsoberrealschule beendet hatte, begann er 1921 eine Ausbildung an der österreichischen Bundeslehranstalt für Elektrotechnik, welche er jedoch schon nach kurzer Zeit wieder abbrach. Die Gründe hierfür sind nicht näher bekannt, es kann nur spekuliert werden. Ein Theorie geht davon aus, dass die finanziellen Mittel der Familie Eichmanns nicht mehr ausreichten, um ihm eine nur wenig erfolgversprechende Ausbildung weiter zu finanzieren. Eine weitere Berufsausbildung beginnt er nicht, sondern arbeitet zunächst von 1925 bis 1927 als Verkäufer für die Oberösterreichische Elektrobau AG und bekommt dann eine Stelle als Vertreter der Vacuum Oil Company, welche noch heute unter den Bezeichnungen MOBIL Oil und ExxonMobil aktiv ist.[1] Große berufliche Erfolge kann er nicht verbuchen und wird schließlich im Juni 1933 gekündigt.

Zu jener Zeit war Eichmann bereits Mitglied der Nationalsozialistischen Deutschen Arbeiterpartei, der NSDAP, welche am 24. Februar 1920 aus der Deutschen Arbeiterpartei (DAP) hervorgegangen war[2] und seitdem eine deutschnationale und fremdenfeindliche Politik verfolgte. Warum Eichmann im April 1932 der Partei beigetreten war, kann nicht mit endgültiger Gewissheit festgestellt werden. Vermutungen existieren dahingehend, dass er sich, bedingt durch den Umzug der Familie von Deutschland nach Österreich, in gewisser Weise entwurzelt fühlte und an der "Heim ins Reich"-Kampange gefallen gefunden hatte. Nie war er jedoch durch antisemitische Äußerungen aufgefallen.

Nichtsdestotrotz zeigte er großes Engagement bei der Parteiarbeit und belies es nicht bei einer einfach Mitgliedschaft. Er meldete sich zur SS, welche damals noch der SA unterstand und primär mit Sicherungsaufgaben, also beispielsweise dem Saalschutz, betraut war. Auf Grund seiner zierlichen Statur stellte man schnell fest, dass er als Saalschützer kaum einsetzbar war; gleichwohl erkannte man aber auch sein Organisations- und Verwaltungstalent. Dies geschah in etwa gleichzeitig mit der Kündigung durch die Vacuum Oil Company, ein Zusammenhang liegt nahe, zumal die SS zu jener Zeit in Österreich bereits verboten war.

Somit kehrte er schließlich im Jahre 1933 nach Deutschland zurück und arbeitete von nun an hauptberuflich für die SS. Zunächst erfuhr eine militärische Ausbildung, welche ihm bis dato vollends fehlte, zunächst in Passau, genauer dem Lager Lechfeld

---

[1] Hoffritz
[2] Hönicke, S.9

und später im Lager Dachau, welches zu jener Zeit noch nicht als Konzentrationslager diente. Eichmann absolvierte seine Ausbildung, ohne sich durch besondere Leistungen hervorzutun. Einzig sein organisatorisches Talent wurde zur Kenntnis genommen. Auf Grund seiner, auf einer gemeinsamen Schulzeit beruhenden, Kontakte zu Ernst Kaltenbrunner, wurde er zu Beginn des Jahres 1934 in die Zentrale des Sicherheitsdienstes (SD) nach Berlin berufen. Seine Tätigkeit beschränkte sich von nun auf das Führen der Freimaurerkartei.

Trotzdem kann man davon ausgehen, dass zu dieser Zeit der Grundstein für die spätere Karriere des Adolf Eichmann als Organisator der Judentransporte in Arbeits- und Vernichtungslager gelegt wurde. Aus Tagebuchaufzeichnungen Eichmanns weiß man, dass er an seinem Arbeitsplatz Zugang zu einem umfangreichen Archiv mit jüdischer und sich mit dem Judentum beschäftigender Literatur hatte. Mit offensichtlich großem Interesse las er so unter anderem die Schriften Theodor Herzls, dem Begründer des Judentums, ebenso wie auch antijüdische Propaganda. Weiterhin eignete er sich im Laufe dieser Zeit grundlegende Fähigkeiten im Hebräischen an, wollte gar Unterricht bei einem Rabbiner nehmen. Da dieses Gesuch abgelehnt wurde, eignete er sich die Sprache im Selbststudium weiter an.

Es darf allerdings bezeifelt werden, dass dieses Engagement nur der Befriedigung seiner Wissbegierigkeit diente. Vielmehr kann man davon ausgehen, dass sich Eichmann der Beschränktheit seiner militärischen Fähigkeiten bewusst war und daher den Wissensvorsprung auf dem Gebiet des Judentums zu seinem Vorteil in einer auch nach aussen hin sich immer judenfeindlicher präsentierenden Partei nutzen wollte.

Offensichtlich mit Erfolg: schon nach kurzer Zeit ging Eichmann der Ruf des "Judenspezialisten" voraus - der Grundstein einer Karriere war gelegt.

3 Aufstieg im Dritten Reich

3.1 Vor dem Krieg

Am 15. September 1935, etwas mehr als zwei Jahre nach der Machtübernahme durch die Nationalsozialisten, wurden die Nürnberger Gesetze verabschiedet. Dienen sollten diese Gesetze dem "'Schutze des deutschen Blutes'", unterschied zwischen "Reichsbürgern" und "Staatsangehörigen"' Mit "Reichsbürgern" bezeichnete man jene Gruppe, die auf Grund ihrer arischen Abstammung berechtigt war, im Deutschen Reich zu leben. "Staatsangehörige" hingegen waren jene Bürger, welche nicht deutscher Abstammung waren, wie beispielsweise die Gruppe der Juden. Dieses Gesetz hatte nicht nur das Verbot von Eheschließungen zwischen den beiden Gruppen zur Folge, sondern nahm immer absonderliche Formen an, wie beispielsweise ein Verbot des Sitzens auf Parkbänken für Juden - und schließlich auch ein Berufsverbot.

Adolf Eichmann war zu jener Zeit schon nicht mehr mit den Karteikarten in der Freimaurerabteilung beschäftigt, sondern arbeitete nun als Leiter des von Heinich Himmler gegründeten "Judenmuseums"' Es ist überliefert, dass ihn diese Tätigkeit nur wenig ausfüllte, und so nutzte seine reichlich vorhandene Zeit, um sein Wissen über das Judentum und insbesondere die Fähigkeiten im Hebräischen weiter auszubauen.

Im Herbst 1936 sollten sich die Bemühungen für Eichmann schließlich auszahlen. Innerhalb der Partei wurde der Ruf nach einem Experten auf dem Gebiet des Jüdischen laut, man gab unumwunden zu, nur ein beschränktes Wissen zu diesem Thema zu haben. Auf Grund seines Rufes wurde Eichmann von seinem Posten im Museum abberufen und arbeitete von nun an im neu gegründeten Referat II 112, dem "Judenreferat".

Leiter dieses Referats war Leopold von Mildenstein, welcher früh bemängelte, dass es durch die Nürnberger Gesetze zwar eine Unterscheidung zwischen den Volksgruppen gebe, dass eine Auswanderung aber nach wie vor durch administrative Prozesse erschwert sein. Noch hatte er mit seinen Forderungen keinen Erfolg und überwarf sich mit der Partei. Davon profitierte Eichmann und stieg zum Sachbearbeiter für Zionismus auf.

Nach zwei Jahren schließlich, im Jahre 1938, bekam Eichmann eine bedeutende Stelle innherhalb des Verwaltungsapparates: nachdem auch Österreich nun zum Deutschen Reich gehörte, wurde dort eine "Zentralstelle für jüdische Auswanderung" eingerichtet. Als Leiter dieser Behörde setzte man Adolf Eichmann ein. Er schaffte es dort, innerhalb kürzester Zeit einen enorm effizienten Arbeitsstil zu etablieren, so dass die Auswanderung jüdischer Staatsangehöriger von nun an wesentlich schneller vor sich gehen konnte. Schnell wurde dies im ganzen Reichsgebiet bekannt und so entfiel nach kürzester Zeit die Regelung beinahe aller Auswanderungen auf die Wiener Behörde.

Auf Grund des positiven Ansehens seiner Arbeit, bekam Eichmann 1939 die Aufgabe, von Prag aus die Auswanderung tschechoslowakischer Juden zu steuern. Während es sich in Wien noch um eine freiwillige, wenn auch durch Druck seitens des Staates nahegelegte Auswanderung handelte, wurden die Methoden in Prag harscher und man verwendete von nun an den Begriff der "Deportation". Dabei wurde dafür gesorgt, dass den Juden alles genommen wurde, was nicht unbedingt zur Ausreise nötig war. Beschlagnahmt wurden hauptsächlich Bar- und Sachwerte, weiterhin wurden Konten gesperrt und das Vermögen konfisziert.

Eichmann selbst machte sich die Hände nicht schmutzig, überlies Übergriffe allein der Gestapo. Er war der pflichtbewusste Anzugträger, der auf bürokratischer Ebene arbeitete, organisierte und verhandelte.

3.2 Während des Zweiten Weltkriegs

Mittlerweile war der Zweite Weltkrieg ausgebrochen. Nach dem Sieg Deutschlands über Polen stand die Behörde um Eichmann vor einer neuen Situation. Über drei Millionen Juden lebten nun im deutschen Reichsgebiet und so entwarf Eichmann im August 1940 den Plan eines "Judenstaates". Auserkoren wurde die vor der afrikanischen Küste liegende Insel Madagaskar. Dorthin sollten nach und nach alle Juden deportiert werden und eine Kolonie unter deutscher Aufsicht bilden. Auch hier bewies Eichmann, dass er mit vollem Eifer dem System, welches ihm nun eine Aufstiegschance gewährte, treu und ohne zu hinterfragen dienen wollte. In der Tat wurde dieser utopisch anmutenden Plan auf höchster Ebene diskutiert, schon nach kurzer Zeit aber verworfen, da Adolf Hitler im Frühjahr 1941 die Auswanderung von Juden gänzlich stoppen ließ - von nun war das Ziel die Vernichtung der jüdischen Rasse.

Adolf Eichmann zählte indes bereits zu den hohen Funktionären im Staate und wurde so als Protokollführer der Wannsee-Konferenz auserkoren, deren Ziel es war, den Ablauf der Judenvernichtung zu planen und die Durchführung bis ins Detail zu besprechen. Nach Abschluss der Konferenz lautet der Befehl für Eichmann, inzwischen zum SS-Obersturmbannführer aufgestiegen, "Europa von Westen nach Osten zu durchkämmen".

Von nun erfasse er die jüdischen Gebiete des Deutschen Reiches und organisierte die Abtransporte in die Konzentrationslager, mit der eigentlichen Vernichtung war er offensichtlich nicht betraut.

Schließlich dann, am 19. März 1941, besetzte die Wehrmacht Ungarn und auch hier wurde es Eichmanns Aufgabe, für die Deportation der jüdischen Bevölkerung zu sorgen. Wieder tat er dies mit großem Eifer und etablierte ein System, welches die zuvorigen systematischen Abtransporte in seiner Verachtungswürdigkeit erneut übertraf: man führte eine Art des "Menschenhandels" ein. Juden wurden an deutsche und schweizer Industrielle verkauft, um für sie zu arbeiten. Auf diese Weise erreichte der niederträchtige Umgang mit dem jüdischen Volk einen neuen und zugleich auch letzten Höhepunkt. Die letzte bekannte, großangelegte Vernichtungsaktion fand 1944 statt, am 6. Mai 1945 kapitulierten die deutschen Truppen und der zweite Weltkrieg war zu Ende.

Adolf Eichmann war von nun an auf der Flucht.

4 Eichmann auf der Flucht

4.1 Entkommen vor den Alliierten

Nach dem Kriegsende sah Eichmann sich vor eine neue Situation gestellt. Von nun an war er Flüchtling und versuchte mit heiler Haut zurück nach Deutschland zu gelangen. Gemeinsam mit seinem Adjutanten Jaenisch gelangte er unbehelligt bis nach Ulm, wo sie schließlich von amerikanischen Soldaten verhaftet wurden. Identifiziert wurden sie allerdings nicht, da man unter falschem Namen mit gefälschten Papieren reiste und von Seiten der Amerikaner kein Verdacht geschöpft wurde. Schon nach wenigen Wochen entkam Eichmann, wurde kurz darauf aber wieder inhaftiert, diesmal im Sammellager Weiden in der Oberpfalz. Er nannte sich weiterhin Adolf Barth, blieb unerkannt und stieg innerhalb kürzester Zeit zum Leiter einer Arbeitskompanie auf.

Lange verweilte er allerdings nicht, mit Hilfe von Kameraden gelang ihm die Flucht, von nun an unter dem Namen Otto Heninger. Zunächst kam er in Prien am Chiemsee unter, bei einer gewissen Nelly Krawietz, um schon kurz darauf nach Eversen in der Lüneburger Heide weiterzureisen.

Dort meldete er sich am 20. März 1946 unter dem Namen Otto Heninger an und wohnte von nun an in einer Baracke auf dem Gelände der örtlichen Försterei. Zahlreiche andere Flüchtlinge lebten dort und beschrieben Eichmann im Nachhinein als zurückgezogenen, stillen Menschen. Nach einiger Zeit zog Eichmann zu einer alten Dame und richtete sich auf deren Grundstück eine kleine Hühnerfarm ein, um sich ganz den Anschein eines bürgerlichen Lebens zu verleihen.

1950 kündigte er in einem Brief an Nelly Krawietz seine Flucht in die Sowjetunion an und tat dies offenbar, um seine Spuren zu verwischen. Seiner Vermieterin berichtete er, dass er plane nach Skandinavien zu reisen, um dort zu arbeiten.

Kurz darauf verschwand er aus Eversen.

4.2 Flucht nach Argentinien

Mit Hilfe der im Untergrund operierenden Organisation "ODESSA" (Organisation der ehemaligen SS-Angehörigen) gelangte Eichmann nach Italien. Dort erhielt er in einem Franziskaner-Kloster einen Vatikanpass. Diese Pässe wurden ungeachtet ihrer Vorgeschichte an Personen auf der Flucht vergeben, und berechtigten zur Einreise in andere Länder. Der Name in Eichmanns Pass lautete Ricardo Klement. Diesen Namen sollte er bis zu seiner Verhaftung nicht mehr Ablegen.

4.3 Leben in Argentinien

Am 14. Juli 1950 erreichte Adolf Eichmann nach vierwöchiger Schiffsreise Argentinien. Dieses Land war geradezu prädestiniert für gesuchte Personen, da hier, bis heute, keine Meldsystem nach europäischem Vorbild existiert.

Schon nach kurzer Zeit fand Eichmann alias Clement Arbeit in einer Metallfabrik. Und wieder war es sein organisatorisches Talent, dass ihm zum Fortschritt gereichte. So wurde er schon nach kurzer Zeit zum Werkstattmeister befördert. Bald darauf erhielt er einen argentinischen Ausweis und konnte sich von nun an gefahrlos in der Öffentlichkeit bewegen.

Das nächste Ziel, welches er vor Augen hatte, war es, seine Familie, bestehend aus seiner Frau und seinen drei Söhnen, zu sich nach Argentinien zu holen. Zuletzt gesehen hatte er sie 1945, beim Abschied überreichte er ihnen Zyankalikapseln, für den Fall, dass die Russen die Macht über Deutschland gewinnen. Um Weihnachten 1950 schrieb er einen Brief an seine Frau nach Linz, welche daraufhin den Söhnen von einem Onkel aus Argentinien erzählte, den man bald besuchen werde. Es entstand ein reger Briefwechsel, bar jeglicher Vorsichtsmaßnahmen - seine Frau benutzte nach wie vor den Namen Eichmann auf dem Couvert.

Im Juni 1952 machte sich Eichmanns Familie per Schiff auf den Weg nach Argentinien. In Buenos Aires blieben sie für einige Tage und fuhren dann mit dem Zug nach

Tucumán, am Fuße der Cordilleren gelegen. Dort lebten die Eichmanns ohne größere Vorsichtsmaßnahmen, lediglich Eichmanns Frau nahm ihren Mädchennamen an. Bis ins Frühjahr 1953 arbeitete Eichmann als Projektleiter beim Bau von Wasserwerken für die Gesellschaft CAPRI im Auftrag der argentinische Regierung. Erneut war dies eine Tätigkeit, bei der sein planerisches Talent zum tragen kam. Eichmann verdiente gut und konnte eine nicht unbedeutende Summe für die Erfüllung seines Traume zurücklegen, den Bau eines eigenen Hauses. Dann jedoch musste CAPRI Insolvenz anmelden und Eichmann verlor seinen Job. Daraufhin zog die Familie zurück nach Buenos Aires, wo es für Eichmann beruflich wenig erfolgsversprechend aussah. Er arbeitete in einem Fruchtsaftladen, eröffnete eine Wäscherei, arbeitete in einer Metallwarenfabrik.

Zu Beginn des Jahres 1954 bot sich ihm schließlich eine Gelegenheit, die er nicht verstreichen lassen konnte. Für eine Kaninchenfarm wurde ein Leiter gesucht, er nahm die Stelle an und lebte fortan 70 Kilometer entfernt in den Bergen, wie er sich schon lange gewünscht hatte. Vier Jahre später ging auch diese Episode zuende und Familie Eichmann nutzte die durch die Arbeitslosigkeit reichlich vorhandene Zeit, um mit dem Bau des eigenen Hauses zu beginnen. Sein pedantisches Wesen kam hierbei zur vollen Entfaltung - schon vor dem ersten Spatenstich hatte Eichmann eine Liste erstellt, in welcher die Arbeitsschritte für jeden einzelnen Tag der kommenden eineinhalb Jahre des Baus akribisch festgehalten waren.

Man fühlte sich weiterhin so sicher, dass Eichmanns Frau sogar wieder unter dem Namen ihres Mannes auftrat; so sind beispielsweise Quittung über Baumaterial vorhanden, auf denen der Name "Senora Liebl de Eichmann" notiert ist.

1959 fand Adolf Eichmann schließlich wieder eine Stelle bei Mercedes-Benz Argentinien und schaffte es, wie schon zuvor, durch sein Organisationstalent innerhalb kürzester Zeit zum höchstmöglichen mittleren Angestellten aufzusteigen. Dies brachte mehrere Lohnerhöhungen mit sich, so dass das im Bau befindliche Haus schneller als geplant fertig gestellt werden konnte.

So kam es, dass Eichmann und seine Familie bereits Anfang März 1960 in ihr neues Haus in Bancalari vor den Toren Buenos Aires einziehen konnten.

Doch die Schatten der Vergangeheit waren schon unterwegs, die Familie einzuholen...

4.4 Die Entführung durch den israelischen Geheimdienst

Anfang des Jahres 1946 erhielt Tuvia Friedmann, ein polnischer Jude, den Auftrag, sich auf die Suche nach Adolf Eichmann zu machen. Zuvor hatte er sich einen Namen gemacht, da es ihm gelungen war, mehrere Nazi-Größen aufzuspüren und zu enttarnen. Auftraggeber war Arthur Pier, Chef der jüdischen Organisation Haganah, welche nach der Staatsgründung Israels zur staatlichen Armee wurde.

Der größte Erfolg, der Friedmann im Falle Eichmann beschieden war, beschränkte sich jedoch zunächst auf ein Foto des Gesuchten, mehr konnte man nicht in Erfahrung bringen. Nichtsdestotrotz veröffentlichte Friedmann Meldungen in mehrere

Tageszeitungen, die besagten, dass Eichmann sich in Kuweit aufhalte. Diese Annahme stützte er auf zweifelhafte Zeugenaussagen. Letztendlich war es aber genau dieser forsche Vorstoss, der den gewünschten Erfolg brachte.

In Argentinien erschien in den 40er und 50er Jahren des 20. Jahrhunderts eine deutschsprachige Zeitschrift mit dem Titel "Argentinisches Tageblatt". Auch in dieser Zeitung wurde die These Friedmanns am 12. Oktober 1959 publiziert. Bald darauf erreichte Friedmann ein Brief, dessen Verfasser, der bis heute nur dem israelischen Geheimdienst bekannt ist, behauptete, Eichmann befände sich in Argentinien. Dem israelischen Geheimdienst schien der Inhalt des Briefes glaubwürdig und man begann mit der Suche nach Eichmann in Argentinien.

Mehrere Agenten wurden nach Argentinien entsandt, mit dem Auftrag Ricardo Klement rund um die Uhr zu beschatten. Schnell gelang es ihnen festzustellen, dass die Frau, mit der Klement zusammenlebte, Veronika Eichmann war. Auch die Söhne Eichmanns waren schnell identifiziert, und so ging man davon aus, dass es sich bei Klement um den Gesuchten handeln müsse. Nur beweisen konnte man es nicht. Eine Identifizierung über Fotos schlug fehl, da es zum einen nur wenige Fotos von Eichmann gibt und er sich zum anderen stark verändert hatte.

So beschattete man ihn Tag für Tag, auf dem Weg zu Arbeit, auf dem Weg nach Hause, bei der Arbeit an seinem Haus. Und schließlich, am 21. März 1960, verriet sich Klement durch ein Geschenk für seine Frau. Wie den gut informierten Agenten nicht entgangen war, handelte es sich bei jenem 21. März um den Tag, an dem ein gewisser Adolf Eichmann im Jahre 1935 Frau Veronika Liebl geheiratet hatte. Und zu diesem Anlass wich er nach der Arbeit an jenem Tage von seinem üblichen Weg ab und kaufte einen Strauß Blumen. Dies genügte den Agenten, die Planungen für die Entführung Eichmanns begannen.

Größtes Hindernis war, dass es keine direkte Flugverbindung von Israel nach Argentinien gab. Daher richtete die israelische staatliche Fluggesellschaft El Al kurzerhand eine Linienverbindung ein, um den unauffälligen Transport zu ermöglichen. Am 18. Mai 1960 sollte die Linie eröffnet werden; die Agenten erhielten Nachricht, dass am 19. Mai eine Maschine für den Transport bereit stünde.

So kam es, dass am 11. Mai drei Männer Eichmann alias Klement auflauerten und ihn schließlich auf dem Heimweg von der Arbeit ohne jedwede Gegenwehr in den Wagen zogen. Auf die Frage, wie er heiße, antwortete Eichmann: "Ich bin Adolf Eichmann. Und Sie sind Israelis"'Pendorf, S. 19. Er wurde in Gewahrsam genommen und verfasste am nächsten Morgen eine Erklärung, in der er seine volle Kooperation versicherte.

Auch in Deutschland erfuhr man schnell von Eichmanns Inhaftierung, blieb aber weitestgehend passiv. Man beschloss, keinen Auslieferungsantrag zu stellen, da zwischen den beiden Ländern kein Abkommen zur Behandlung von Straftätern bestand. Zwar wurden vereinzelt kritische Stimmen laut, die Bundesregierung aber blieb bei ihrer Entscheidung.

Von nun verbrachte Eichmann die Tage bis zum Abflug größtenteils vor sich hin dämmernd, da man ihm starke Beruhigungsmittel verabreichte. In diesem desolaten Zustand wurde er schließlich vermummt und in einem Rollstuhl am 20. Mai, einen

Tag später als geplant, in die Maschine nach Israel gesetzt. Dort wurde er am 23. Mai 1960 dem Haftrichter vorgeführt, welcher Eichmann in seiner kurzen Anklage des Todes Millionen von Juden beschuldigte. Eichmann erwiderte daraufhin, dass er nicht verantwortlich sei und dies im Laufe des Prozesses beweisen wolle.

Die Zeit bis zum Prozessbeginn verbrachte Eichmann in israelischer Untersuchungshaft.

5 Der Prozess in Jerusalem

5.1 Adolf Eichmann vor Gericht

Zwischen dem 11. April und 15. Dezember 1965 fand in Jerusalem der Prozess gegen Adolf Eichmann statt. Die Anklage wurde durch Staatsanwalt Gideon Hausner vertreten, die Verteidigung übernahm der Kölner Anwalt Robert Servatius, welcher schon bei den Nürnberger Prozessen 1946 zahlreiche Nazigrößen vertreten hatte. Hausner trug seine Anklage voller Polemik vor, in vollem Bewußtsein der Bedeutung des Prozesses für den Staat Israel als Abrechnung mit dem NS-Staat. Diese politische Bedeutung ist auch der Grund dafür, dass eine Vielzahl von Zeugen ausschweifend vor dem Gericht von den erlebten Grausamkeiten berichten durften[3].

Folgende Verbrechen wurden Eichmann vorgeworfen:

1. Verursachung des Todes von Millionen Juden durch Vernichtungslager, Einsatzgruppen, Arbeitslager, Konzentrierung und Massendeportation.

2. Schaffung von Lebensbedingungen für Millionen von Juden, durch die diese physisch vernichtet werden sollten.

3. Verursachung schwerer körperlicher und seelischer Schäden für Millionen von Juden in Europa.

4. Vorbereitung von Maßnahmen für die Sterilisation der Juden, um Geburten von Juden zu verhindern.

5. Verursachung der Ermordung, Vernichtung, Versklavung und Deportation der jüdischen Bevölkerung.

6. Verfolgung von Juden aus nationalen, rassischen, religiösen und politischen Motiven.

7. Durchführung der Ausplünderung von Juden durch unmenschliche Maßnahmen, einschließlich Raub, Zwang, Terror und Quälerei.

8. Deportation einer halbe Millionen Angehöriger der polnischen Zivilbevölkerung von ihren Wohnorten mit der Absicht, um an ihrer Stelle Deutsche anzusiedeln.

9. Deportation von 14.000 Angehörigen der slowenischen Zivilbevölkerung von ihren Wohnorten mit der Absicht, um an ihrer Stelle Deutsche anzusiedeln.

---

[3] Brank

10. Deportation von Zehntausenden Sinti und Roma, sowie ihre Zusammentreibung, Transportierung und Ermordung in den Vernichtungslagern.

11. Deportation von ungefähr 100 Kindern aus der Zivilbevölkerung des Dorfes Lidice in der Tschechoslowakei und ihr Transport nach Polen zum Zwecke der Vernichtung.

12. Misshandlung, Deportation und Ermordung von Juden.

13. Mitgliedschaft in der SS

14. Mitgliedschaft im Sicherheitsdienst des Reichsführer SS (SD).

15. Mitgliedschaft in der Gestapo.

4

Anhand der aufgezählten Punkte lässt sich erkennen, dass das Gericht keinerlei Versuche unternahm, Eichmann als Mörder anzuklagen. Dies war aus juristischer Sicht nicht möglich, näher möchte ich darauf in Kapitel 6, dem Fazit eingehen.

Vor Gericht inszenierte Eichmann sich als Opfer und betonte, dass er lediglich Befehle empfangen und diese, wie es sein Eid von ihm verlangte, befolgt habe. Immer wieder bestand er darauf, dass seine eigene Meinung seinen Vorgesetzten gegenüber irrelevant gewesen sei. Er gibt sich betont desinteressiert, liest Zeitung oder sortiert die ihm zu seiner Verteidigung zur Verfügung gestellten Akten.

Lediglich auf direkte Ansprache hin äußerte er sich, wies zumeist alle Vorwürfe von sich und berief sich auf seine Rolle als Untergebener. Erst gegen Ende des Prozess ließ er einen kurzen Blick in sein Inneres zu, verurteilte die Verbrechen gegen das jüdische Volk als das "grausamste Verbrechen in der Geschichte der Menschheit" und gab an, er fühle sich moralisch schuldig. Im Sinne der Anklage jedoch, aus juristischer Sicht also, fühle er sich unschuldig und plädierte dementsprechend[5].

Am 1. Juni 1962 wurde das Todesurteil gegen Adolf Eichmann in Tel Aviv vollstreckt. Seine Asche wurde über dem Meer verstreut, da man von keinem Land verlangen konnte und wollte, Eichmann auf eigenem Boden zu bestatten.

5.2 Hannah Arendt und die "'Banalität des Bösen"'

Hannah Arendt war als Berichterstatterin für die amerikanische Zeitung "The New Yorker" beim Prozess gegen Eichmann anwesend. Im Jahre 1963 veröffentlichte sie das Buch "*Eichmann in Jerusalem - Ein Bericht von der Banalität des Bösen*", in welchem sie ihre während des Prozesses verfassten Berichte aufarbeitete.

Jenes Buch löste bereits nach kurzer Zeit einen Sturm der Entrüstung aus. Man warf Arendt vor, sich der Sache nicht mit der nötigen Ernsthaftigkeit gewidmet zu haben. Insbesondere am Begriff "Banalität" störten sich die Kritiker. Schließlich, so ihre Gegner, ging es in dem Prozess um den organisierten Massenmord an einem ganzen Volk, dies könne man kaum mit Banalität umschreiben oder bezeichnen.[6]

---

[4] Pendorf, S.92
[5] Brank
[6] vgl. Grunenberg

An dieser Stelle möchte ich mir eine persönliche Bemerkung erlauben: in meinen Augen beruht diese Kritik auf einer Fehlinterpretation. Mit Sicherheit bezeichnete Arendt, selber eine Jüdin, nicht die Morde und die Vernichtung als banal, sondern die Person Eichmann und ihre biedere Erscheinung.

Es steht außer Frage, dass auch für Hannah Arendt der Prozess gegen Eichmann von großer Bedeutung war. Ihre Kritik, für die sie wiederum angegriffen wurde, bezog sich nicht zuletzt auf die Durchführung der Verhandlung. So wirft sie dem damaligen israelischen Premierminister David Ben Gurion vor, der Prozess sei aus einer "didaktischen Notwendigkeit" heraus inszeniert worden. In dieser Äußerung steckt der Vorwurf der Unsachlichkeit, des Inszenierens eines Schauprozesses zur Abschreckung, der sich allerdings vom eigentlich Subjekt der Strafverhandlung zu weit entfernt. Noch direkter äußert sie sich über den Staatsanwalt Hausner, der im Laufe des Prozess abschweifte hin zu einer Schilderung der "Tragödien des Judentums", weg vom eigentlich zu verhandelnden Fall.[7]

Am meisten faszinierte Arendt an dem Fall Eichmann wohl die Tatsache, dass die Person, die hier solch gräulicher Verbrechen an der Menschlichkeit angeklagt war, selbst ein ganz normaler, unauffälliger Mensch war. Der Klassifizierung durch die Stereotypen schwarz oder weiß, gut oder böse, entzieht sich Eichmann laut Arendt durch das gedanklose Handeln, welches er im Laufe der Jahre etabliert hat und sich somit immer auf die bloße Durchführung von Befehlen berufen kann.[8]

Daraus ergab sich für Arendt die Frage, ob "böses" Handeln überhaupt möglich ist, wenn die Motive fehlen. Und Eichmann hatte keine Motive, keinen eigenen Antrieb derartige Taten zu veranlassen oder durchzuführen. Auch dieser Punkt stieß auf ein negatives Echo bei Arendts Kritikern: sie verharmlose Eichmann, spreche ihn von jeder Schuld frei.[9]

Arendt lehnte sich noch weiter aus dem Fenster und übte ihrerseits Kritik am Verhalten der jüdischen Funktionäre während des Krieges, denen sie eine Zusammenarbeit mit den Verantwortlichen der Judenvernichtung vorwarf, da sie bereitwillig Personallisten ihrer Gemeinden herausgaben und sogar Personal für den reibungslosen Ablauf der Deportationen stellten.[10]

Darauf warf man Arendt vor, sie distanziere sich vom jüdischen Volk und bedächte es mit einer unangemessenen Häme und bediene sich einem Sarkasmus, der der Thematik nicht gerecht würde und Mitleid vermissen lasse.[11]

Es mag unbestreitbar sein, dass Arendt teils unklare Formulierungen wählte und so die Diskussion um ihr Werk anheizte. Dabei dürfen zweierlei Sachverhalte aber keinesfalls ausser Acht gelassen werden: Nur die wenigsten ihrer Kritiker hatten die Möglichkeit gehabt das Buch zu lesen, vielmehr stimmten sie in einen Grundtenor ein, ohne sich auf eigenes Wissen zu stützen. Daher muss die Kritik häufig als unreflektiert und übereilt abgetan werden.

---

[7] vgl. Steinhoff
[8] vgl. ebd.
[9] vgl. Grunenberg
[10] vgl. Steinhoff
[11] vgl. Grunenberg

Zum Anderen bewegt sich Arendt mit ihrem Buch auf Pfaden, die zuvor noch kaum beschritten worden waren. Die Prozessbeobachtung war bis dahin keinesfalls etabliert und Arendt hatte so kaum Referenzen, auf die sie sich hätte stützen können. So mag es verzeihbar sein, dass ihr Bericht geprägt von Sarkasmus ist, da sie gar nicht den Anspruch hatte, sich grundlegend objektiv zu äußern.

Nichtsdestotrotz gab es bis vor nicht allzulanger Zeit keinerlei Übersetzungen von Arendts Werken ins Hebräische, sie wurde weitestgehend ignoriert. Erst die Entdeckung des Filmmaterials vom Eichmann-Prozess durch den israelischen Regisseur Eyal Sivan und den daraus entstandenen Film "Ein Spezialist" bekam sie posthum Aufmerksamkeit aus Israel, nicht zuletzt dadurch, dass Sivan ihr den Film gewidmet hat.

6 Fazit

Die Frage, die sich mir während der Beschäftigung mit dem Thema immer wieder stellte, war, ob es sich bei Eichmann um einen Mörder handelte. Nähert man sich dieser Frage aus juristischer Sicht, so bietet sich zunächst ein Blick in das deutsche Strafgesetzbuch an.

Unter §211, Abs. 2 heißt es, dass "Mörder ist, wer aus Mordlust, zur Befriedigung des Geschlechtstriebes, aus Habgier oder sonst aus niedrigen Beweggründen, heimtückisch oder grausam oder mit gemeingefährlichen Mitteln oder um eine andere Straftat zu ermöglichen oder zu verdecken, einen Menschen tötet.".[12]

Liest man weiter, so erfährt man, dass unter niedrigen Beweggründen auch der Mord aus Rassenhass fällt; Grausamkeit bezeichnet das Verlängern des Todes, wie in den Konzentrationslagern geschehen. Da Eichmann jedoch nicht die ausführende Person war, sondern der Organisator der Transporte in die Vernichtungsstätten, kann ihm aus rechtlicher Sicht lediglich Beihilfe zum Mord vorgeworfen werden - schließlich hat er niemals selber Hand an eine Person gelegt.

Ausser Acht gelassen wird von dieser Argumentation allerdings die moralisch-ethische Betrachtungsweise. Von dieser aus betrachtet, ist Eichmann schuldig des Mordes an Millionen von Menschen. Nachweislich wusste er um das Schicksal der Deportierten und ebenso nachweislich hat er keine Versuche unternommen, dem grausamen Treiben Einhalt zu gebieten.

Im Gegenteil: nach den anfänglichen beruflichen Misserfolgen, bot sich für Eichmann in der NSDAP zum ersten Mal die realistische Chance, Karriere zu machen. Dies erkannte er früh und gab sich fortan größte Mühe, diese Möglichkeit nicht zu gefährden. Von Beginn seiner Tätigkeit innerhalb der Partei an, galt Eichmann als linientreu und unkritisch, als jemand, der nicht hinterfragt, sondern ausführt - die menschgewordene Definition des "Schreibtischtäters".

Es kann angenommen werden, dass diese Anpassung auf Kalkül beruhte. Eichmann galt als intelligent, war auf dem Gebiet der Judenforschung belesen und wusste, dass

---

[12] vgl. Deutsches Strafgesetzbuch, §211, Abs. 2

die Aussagen der Propagandaschriften zweifelhaft waren. Eine Episode seines Schaffens beschreibt besonders eindrücklich, dass er wohl innerlich um die Absurdität der öffentlich verbreiteten Lügen wusste.

1904 starb der Begründer des Zionismus, Theodor Herzl. Seine sterblichen Überreste wurden auf einem jüdischen Friedhof in Österreich bestattet. Dieses Grab stellte Eichmann aus Respekt vor Herzl und seinen Visionen eines jüdischen Staates unter Schutz und sorgte dafür, dass es während des gesamten Krieges von Übergriffen verschont blieb. Unnötig zu erwähnen, dass es sich hierbei keinesfalls um eine offizielle Order Eichmanns handelte, dies wäre kaum karrieredienlich gewesen. Vielmehr nutzte er seine Kontakte, um weitestgehend anonym für die Sicherheit der Grabstätte zu sorgen.

Dies ist nicht das Verhalten eines überzeugten Antisemiten, eines fanatischen Judenhassers. Und bestätigt damit, dass Eichmann wusste, welches Unrecht einer gesamten Ethnie angetan wird.

Umso härter ist daher meiner Ansicht nach sein Handeln zu verurteilen, da es berechnend war, und ich komme daher zu dem Schluss, dass Eichmann des Mordes schuldig sein kann, ohne dafür einen Mord persönlich begangen zu haben. Durch seine Arbeit wurden Ermordungen in diesem Ausmaß erst möglich, er trug die Verantwortung für die Planung und Organisation, nahm das Schicksal von Millionen Menschen zu Gunsten seines Aufstieges in Kauf.

Damit ist Adolf Eichmann, kalkulierender und augenscheinlich skrupelloser Bürokrat, in meinen Augen schuldig.

7 Literaturverzeichnis

Brank, Barbara: Der Eichmann-Prozess. Online im Internet: `http://www.aurora-magazin.at/wissenschaft/brank.htm` [Stand: 30.4.2008].

Deutsches Strafgesetzbuch. Online im Internet: `http://www.gesetze-im-internet.de/stgb/__211.html` [Stand: 30.4.2008]

Grunenberg, Antonia: Hannah Arendts Jüdische Schriften. Online im Internet: `http://www1.bpb.de/publikationen/1VYJ2R,2,0,Hannah_Arendts_J%FCdische_Schriften.html` [Stand: 30.4.2008]

Hönicke, Andreas: Die Entwicklung der DAP zur NSDAP. München: GRIN-Verlag, 2007.

Hoffritz, Jutta: Rockefellers Erben. In: Die Zeit, Ausgabe 20/1999. Online im Internet: `http://www.zeit.de/1999/20/199920.oel-monopoly.xml` [Stand: 30.4.2008].

Pendorf, Robert: Mörder und Ermordete: Eichmann und die Judenpolitik des Dritten Reiches. Hamburg: Rütten & Loening, 1961.

Steinhoff, Sabine: Banales und Böses - Hannah Arendt und ihr Bericht über den Eichmann-Prozess. Online im Internet: `http://www.talmud.de/cms/Banales_und_Boeses_Hann.139.0.html` [Stand: 6.5.2008]